Cinquante puissantes raisons de ne pas aller chez le psy

CINQUANTE PUISSANTES RAISONS DE *ne pas* ALLER CHEZ LE PSY.

David Gourion
et Muzo

JC Lattès

ISBN : 978-2-7096-5846-1

Conception graphique : Les Belles Pages

« C'est bien la pire folie que de vouloir être sage
dans un monde de fous ! »

Éloge de la folie, Érasme.

Muzo

LE DERNIER TERRAIN VAGUE

Adieu !, 1989.

ÉDITIONS THIERRY MAGNIER

C'est pas juste, 2001.

BUCHET-CHASTEL

Les Hommes et les Femmes, 2002.

ALAIN BEAULET ÉDITEUR

« *Hahaha !* », 2008.

SIRANOUCHE ÉDITIONS

Bisou !, 2010.

LES ARÈNES

Un mort par jour, 2011.

L'ASSOCIATION

Faut qu'on y aille sinon on va rater le dernier drakkar !, 2014.

ACTES SUD BD

Collection « Les petits tracas de Théo et Léa », 2016 :
Je suis un peu timide, J'm'ennuie, j'sais pas quoi faire, Je suis jaloux comme un pou, Je ferai une colère si je veux, Au bout de cinq minutes j'en ai marre, Au secours, j'ai peur !

ÉDITIONS VERTICALES

J'ai trois ans et pas toi (avec Hervé Prudon), 1999.

POINTS

Je dépasse mes peurs et mes angoisses (avec Christophe André), 2002.

Je guéris mes complexes et mes déprimes, 2004.

Je résiste aux personnalités toxiques, 2006.

David Gourion

ÉDITIONS ODILE JACOB

La Fragilité des jeunes adultes, 15-30 ans : prévenir, aider, accompagner, 2015.

Le Meilleur de soi-même : empathie, attachement et personnalité (avec le Pr Henri Lôo), 2011.

Guérir de la dépression : les nuits de l'âme (avec le Pr Henri Lôo), 2007. Réédition poche 2010.

ÉDITIONS DELACHAUX ET NIESTLÉ

Antidépresseurs : le vrai du faux (avec le Dr Adeline Gaillard), 2015.

ÉDITIONS ELSEVIER MASSON

Dépressions difficiles et dépressions résistantes : optimisation des stratégies psychopharmacologiques (en coordination avec le Dr Alain Gérard), 2013.

ÉDITIONS ELLIPSE

Les Troubles schizophréniques (avec le Dr Anne Gut), 2004.

ÉDITIONS DOIN

Les Troubles dépressifs chez l'enfant (avec le Dr Valérie Vantalon et le Pr Marie-Christine Mouren-Simeoni), 1999.

Nous remercions notre cher et bienveillant ami Christophe André pour cinquante puissantes raisons et bien plus encore.

NOTICE D'UTILISATION

⚠

Attention, l'ouvrage que vous tenez entre les mains est un traitement médical. Lisez attentivement la notice et respectez scrupuleusement les conseils d'utilisation :

Indication

Intérêt pour les psys, peur des psys, simple curiosité ou profond désœuvrement.

Voie d'administration

Oculaire (idéalement).

Mode d'action

Ce livre agit sur le cerveau. Il active les régions du plaisir dans le système limbique tout en modifiant les croyances négatives sur les psys. Les résultats sont souvent très rapides. En cas d'effet partiel, il ne faut pas hésiter à ré-administrer le traitement aussi souvent que nécessaire. Il est indispensable de traiter tout l'entourage du sujet concerné.

Effets (in)désirables

Tension persistante des muscles zygomatiques, brutale détente musculaire, possible envie urgente de consulter un psy.

Contre-indications

Allergie au rire. Ne pas administrer aux tristes sires.

Conseil

Convient parfaitement aux femmes enceintes et aux enfants à partir de quinze ans.

Grâce à ce merveilleux petit ouvrage, vous allez disposer de pas moins de CINQUANTE PUISSANTES RAISONS DE NE PAS ALLER CHEZ LE PSY.

ET ÇA MARCHE !

Voici le témoignage poignant de Jean qui était aux prises avec une situation difficile :

« Avant d'avoir lu ce livre, ma femme insistait tous les jours pour que j'aille voir un psy. Elle disait que j'en avais absolument besoin. Après avoir utilisé les *Cinquante puissantes raisons de ne pas voir de psy*, elle s'est résignée. Depuis, elle me laisse parfaitement en paix.

En fait, elle m'a quitté… »

Si vous êtes un homme...

(Ce qui est peu probable car les hommes lisent très peu de livres psy au-delà de la troisième page.)

Si vous êtes fatigué d'entendre régulièrement « Mais chéri, va donc voir un psy ! », vous allez pouvoir utiliser cet ouvrage pour contrer les arguments de la femme de votre vie (par exemple votre épouse, votre ex, votre maman, votre patronne ou votre maîtresse si vous êtes toujours scolarisé).

Témoignage de Bénédicte, l'ex-femme de Jean : « Ce livre est une abomination ! »

Si vous êtes une femme...

Vous êtes déjà probablement suivie par un psy depuis longtemps[1].

Si c'est le cas, ces « Cinquante puissantes raisons de ne pas aller chez le psy » seront pour vous « Cinquante puissantes raisons de ne PLUS aller chez le psy ».

Et vous vous sentirez tellement plus légère !

1. Longtemps, avec un psy, c'est plus de quinze ans.

Si vous êtes un animal...

Si vous lisez ce livre et pensez être un animal, il est strictement inutile d'aller voir un psy.

C'est trop tard…

DANS SA GRANDE SAGESSE
DIEU DÉCIDA QU'IL ÉTAIT INUTILE
DE CRÉER DES PSYS.

LES PSYS NE SERVENT À RIEN

Il y a dix mille ans, l'espèce humaine folâtrait gaiement dans les bois et les psys n'existaient pas. Les gens étaient plus heureux, il n'y avait pas la pollution ni d'émissions de téléréalité.

Si vous voyez déjà un psy, essayez de le convaincre de cesser immédiatement de faire ce métier totalement inutile et dangereux.

Témoignage du Dr Hannibal Lecter, psychiatre reconverti dans l'art culinaire : « Avec ce livre, j'ai renoncé à aider des gens sur le plan psychologique : maintenant, je mange directement leur cerveau, et c'est bien meilleur ! »

cervelle de psy

LES PSYS NE PARLENT PAS

Des études d'imagerie cérébrale ont montré qu'à force d'écouter les fous, les psys développent des plaques de gélatinisation dans leur cerveau.

Par contre, leurs nerfs optiques sont protégés de cette dégénérescence, ce qui leur permet d'écarquiller les yeux quand on leur parle.

Ils peuvent donc faire illusion, mais en fait ils ne comprennent tout simplement pas ce que vous dites !

Chérie, je sors le psy!

LES PSYS SONT PLUS FOUS QUE LEURS PATIENTS

À force d'écouter des malades mentaux, les psys développent les mêmes symptômes que leurs patients.

Logique ! Les vétérinaires ne se mettent-ils pas à aboyer, à miauler et à bêler après quelques années de pratique ?

ÇA PEUT MARCHER !
PSY
EXTRA-LUCIDE

MIEUX VAUT VOIR UNE VOYANTE

À l'inverse du psy, la voyante est une professionnelle qui possède un véritable don.

Elle est capable de deviner des choses sur vous et de prévoir votre avenir sans que vous lui donniez la moindre indication sur votre passé.

À l'inverse, les psys n'ont strictement aucun don !

La preuve ? Vous leur avez dit des milliards de choses sur votre passé mais ils sont incapables de vous dire si Jupiter est en Saturne et si vous rencontrerez votre Jules au rayon lingerie de la Samaritaine.

ENFOIRÉ DE LACANIEN !
FUMIER DE COMPORTEMENTALISTE !

LES PSYS NE SONT JAMAIS D'ACCORD ENTRE EUX

C'est bien connu, si vous mettez deux psys dans une même pièce, et que vous les gardiez enfermés pendant une heure, vous ne retrouverez plus qu'un petit tas d'os et de cheveux.

Si ces gens-là se détestent tant, pourquoi ne pas suivre leur exemple et les détester vous aussi ?

OU ALORS JE LE LOUE À UN PSY POUR QU'IL Y FASSE SON CABINET !...

MIEUX VAUT INVESTIR SON ARGENT DANS L'IMMOBILIER

Avez-vous évalué la rentabilité de la somme investie dans votre psychothérapie ? Elle est nulle.

Plutôt que de voir un psy, investissez dans l'immobilier ! Faites le calcul : avec la même somme, dans quinze ans, vous serez l'heureux propriétaire d'un box de parking que vous pourrez louer (gratuitement) à votre petit-fils (toxicomane).

AÏE!
ET MERDE!

VOUS N'AVEZ PAS LE TEMPS !

Plutôt que voir un psy, cherchez-vous une occupation agréable.

Être suivi par un psy vous prendra du temps et vous en avez peu. Ils ont des horaires rigides et vous serez obligé de poireauter à heure fixe dans leur salle d'attente…

Alors que si vous optez pour le bilboquet, vous pourrez choisir des horaires souples et pratiquer chez vous, à votre rythme.

Vous progresserez rapidement et cela vous apportera bien plus de satisfaction qu'une thérapie.

Bonne nouvelle ! Il fait un tarif de groupe !
PSY

CE SONT VOS PROCHES QUI DÉRAILLENT, PAS VOUS !

Il arrive parfois que des proches se liguent pour forcer un membre de leur famille à consulter un psy.

Si vous voyez un beau jour débouler votre conjoint(e) accompagné(e) de vos enfants, vos parents, vos voisins, votre patron, et le prêtre exorciste de la paroisse, ne vous laissez pas impressionner !

En fait, ce sont eux qui ont des problèmes : conseillez-leur un bon psy !

vous ne comprenez
rien à l'art!

CE SONT LES PSYS QUI RENDENT FOU

Imaginez que vous ayez envie de faire une démonstration de body painting totalement nu(e) dans une cité de La Garenne-Colombes à 3 heures du matin. Quoi de plus banal ?

Soudain, d'hostiles ambulanciers vous conduisent à l'HP où des psys aux petits yeux cruels et à l'haleine de chacal vous enferment dans une chambre sordide…

Ça ne rendrait pas fou n'importe qui ?
Et la liberté d'expression, alors !

AU SUIVANT !

LES PSYS SONT DES ÂNES

Il est évident que si les psys n'ont pas fait d'école d'ingénieurs ou de commerce, c'est parce que ce sont des sous-doués au QI d'huîtres.

Ne leur confiez jamais vos chères et intelligentes pensées, vous risqueriez de faire exploser leur cervelle !

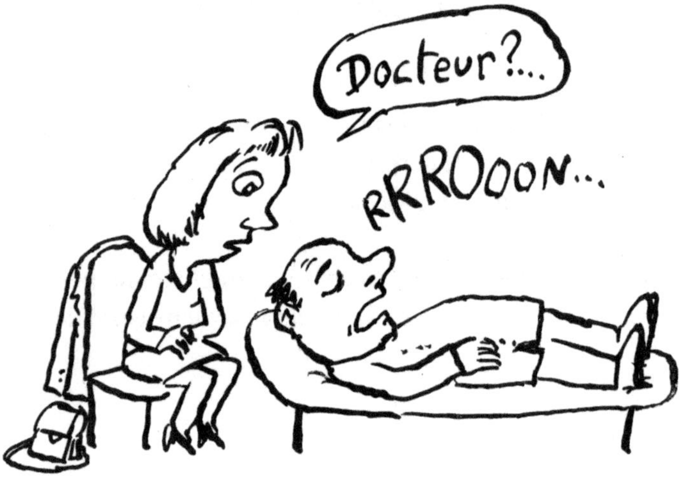
Docteur ?...
RRROoon...

LES PSYS N'ÉCOUTENT JAMAIS

La plupart des psys ont une écoute flottante (dans leur jargon, cela veut dire un état de conscience altéré proche de celui d'un début de sieste).

Le plus souvent, dès lors qu'ils se sentent à l'aise avec un patient qu'ils ont apprivoisé et qu'ils jugent inoffensif, ils s'endorment en toute discrétion.

VOUS POURRIEZ VOUS RECULER UN PEU ?
VOUS NE SENTEZ PAS TRÈS BON NON PLUS !

LES PSYS ONT UN PHYSIQUE INGRAT

La plupart des psys ont choisi ce métier parce qu'ils sont vilains.

Ils n'ont pas pu être mannequin, acteur ou actrice, et leur aspect repoussant les a conduits vers un métier où ils se sentent plus acceptés.

D'ailleurs, si les psychanalystes sont assis dans le dos de leur patient, c'est pour ne pas les troubler avec leur visage patibulaire.

Votre goût de l'esthétique et du beau exige absolument que vous évitiez ces êtres hideux !

“Oui, c'est mon divan. Pourquoi ?”

LES PSYS COUCHENT AVEC LEURS PATIENT(E)S

Le psy n'aura de cesse de vouloir coucher avec vous. Il faut savoir que toutes les statistiques officielles montrent que les psys sont des êtres malheureux, frustrés, célibataires, et bien souvent toxicomanes.

Leur perversité est animale. Vous observerez vite dans la pénombre de leur cabinet obscur leurs yeux luisants de satyres lubriques briller de concupiscence.

Fuyez !

NEIN! J'IRAI PAS VOIR LE PSY!

IL FAUT SE MÉFIER DES PSYCHIATRES

La psychiatrie est une invention des francs-maçons et des juifs pour subvertir et soumettre le monde catholique blanc occidental.

Si vous allez voir un psy, vous risquez de finir dans un kibboutz au milieu des colonies à ramasser des patates à 5 heures du matin juste avant d'aller à la synagogue.

Réveillez-vous, les gars !

PAUVRE TYPE !

LES PSYS SONT DES GOUROUS RATÉS

La majorité des dirigeants de sectes sont d'anciens psychiatres qui ont bien réussi.

Seuls les plus médiocres demeurent simples psys. Ces gourous ratés n'ont tout simplement pas suffisamment de charisme pour attirer les foules.

Ne fréquentez pas ces *losers* et adressez-vous directement aux *winners* (par exemple à Ron Hubbard ou au sympathique révérend Moon).

ÇA A L'AIR SYMPA !

LES CRISES D'ANGOISSE SONT LE SEL DE LA VIE

Subir des crises d'angoisse avec l'impression d'étouffer et de mourir met quotidiennement du piment dans votre existence.

Imaginez à quel point le long fleuve tranquille de la vie de celui qui n'a jamais expérimenté la moindre attaque de panique est d'un ennui mortel.

Ces petits moments de terreur brute sont votre jardin secret : ne laissez personne empiéter sur les plates-bandes de vos angoisses !

ON PEUT AIMER SA DÉPRESSION

On a parfaitement le droit d'être déprimé, de souffrir en permanence, de se sentir désespéré et de se renseigner sur Google sur les différentes espèces de végétaux empoisonnés sans que personne ne vienne nous casser les bonbons.

Non mais allô, quoi !

Saturne est en harmonie avec Jupiter !
C'est bon pour vous ça !

TOUT EST DÉJÀ DANS LES MAGAZINES PEOPLE

Sachez que les magazines people ont fait d'immenses progrès dans la compréhension des problèmes des gens et que c'est grâce à eux que les psys parviennent à se maintenir à niveau.

N'hésitez pas, abonnez-vous vite à *Closette* et *Voilà*, et surtout, suivez leurs conseils à la lettre !

N'oubliez pas que ces magazines contiennent une excellente rubrique « Astro », complément indispensable à la reprise en main de votre vie !

Les aventures de
TIC et TOC
Tu devrais aller voir un psy !
Tu veux garder le savon pour toi tout seul ?

LES TOCS ET LES TICS, C'EST CHIC !

Vous vous lavez les mains huit cents fois par jour et grimacez à tout bout de chant en faisant des vocalises ?

Eh bien, sachez que cela peut vous donner un air aristocratique ! Il suffit d'assumer et d'apprendre à marcher comme Louis XIV, avec grâce et dignité.

Les autres vous envieront !

J'ADORE LES HOMMES TRÈS VIEUX ET TRÈS TIMIDES!
IL ÉTAIT TEMPS!

ÊTRE TIMIDE ET RENFERMÉ, C'EST SÉDUISANT

Si votre timidité maladive vous isole et que vous rougissez comme une écrevisse dès qu'une personne du sexe opposé entre dans votre champ de vision, rassurez-vous, vous êtes un(e) séducteur(rice) né(e) !

Sachez que la femme ou l'homme de votre vie (que vous rencontrerez avec un peu de chance d'ici une trentaine d'années) sera très attiré(e) par ce côté névrosé qui vous rend si charmant(e).

Surtout ne changez rien : restez vous-même !

DÉTENDS-TOI MEC !

LE CANNABIS, C'EST BIO

Sachez que les trente joints que vous fumez quotidiennement du matin au soir en ne faisant plus rien de votre vie depuis cinq ans sont produits de façon TOTALEMENT BIO !

Le cannabis, contrairement aux médicaments, n'est pas un produit chimique mauvais pour la santé.

C'est une substance parfaitement naturelle et non transgénique, qui ne contient ni agent de conservation, ni colorant artificiel et qui ne peut que vous faire le plus grand bien !

À consommer sans modération !

Mets le magnéto en route, il arrive chez le psy!

VOUS ÊTES QUELQU'UN D'IMPORTANT, C'EST TOUT

Si la CIA vous suit dans la rue et vous a mis sur écoute, c'est parce que vous êtes quelqu'un d'important !

D'ailleurs, vous souvenez-vous que lorsque vous jouiez au talkie-walkie durant votre enfance, vous entendiez des grésillements bizarres sur la ligne ?

Eh bien OUI, ils avaient déjà commencé à s'intéresser à vous !

NON, J'IRAI PAS CHEZ LE PSY!
TANT QUE J'AURAI ENCORE UNE MAIN LIBRE!

LES PSYS SONT ULTRANULS À LA CHASSE AUX POKEMON !

Les dix minutes que vous ne consacrez pas aux jeux vidéo durant votre journée sont dix minutes de perdues ! Vos ennemis dans *World of Warcraft* n'attendent que ça !

À l'inverse de ce que vous disent vos parents, tenez bon et ne vous déconcentrez plus !

Courage, privilégiez toujours votre cyberaddiction à vos études et ne laissez jamais un psy incapable de vous affronter sur Fifa vous faire la leçon !

NON, J'IRAI PAS CHEZ LE PSY!

NE LAISSEZ PAS JUGER VOTRE SEXUALITÉ

Avoir trente partenaires sexuels par jour et passer vos nuits sur les sites porno signifie simplement que vous avez une saine vigueur !

Ne laissez pas les jaloux vous critiquer : leur vie sexuelle est minable !

NON, J'IRAI PAS CHEZ LE PSY!

LES PSYS NE COMPRENNENT RIEN AUX ANIMAUX

La plupart des psys ont une vision rigide, conservatrice et sclérosée des relations avec nos amies les bêtes. Ils ne comprennent pas que l'on puisse aimer les animaux autant, voire plus, que les êtres humains. Leur manque de charme ne leur permettra jamais de séduire une brebis Bimbo.

Alors STOP à la discrimination, les animaux ont le droit d'être désirés !

Un conseil important : assurez-vous que l'ovidé(e) de votre cœur est bien majeur(e).

NON, J'IRAI PAS chez le PSY!

VOUS N'ÊTES PAS ALCOOLIQUE, VOUS AIMEZ SIMPLEMENT LE BON VIN...

Vous buvez une douzaine de verres de Martini à l'apéro et trois bouteilles de bourgogne à chaque repas (petit déjeuner compris) ?

Et alors ? D'un point de vue médical, tant que vous ne sentez pas mauvais et que vous êtes capable d'articuler distinctement la phrase « j'arrête quand je veux », vous n'êtes pas alcoolique.

Alors ne laissez pas vos proches dénigrer votre passe-temps et expliquez-leur que l'alcool conserve : les cerises à l'eau-de-vie de tante Gertrude morte il y a quarante ans ne sont-elles pas encore bien charnues ?

NON! J'IRAI PAS CHEZ LE PSY!

LE JEÛNE EST EXCELLENT POUR LA SANTÉ

Ce n'est pas parce que vous ne pesez que vingt-huit kilos et ne mangez qu'une olive par jour depuis dix ans que cela pose problème !

Au contraire, tout le monde envie votre ligne !

Par contre, faites attention à ne pas reprendre le poids perdu et ne faites pas le yoyo !

ALLER CHEZ LE PSY ?
ÇA VA ÊTRE UN PEU COMPLIQUÉ...

S'AUTOMUTILER EST UN LOISIR COMME UN AUTRE !

Certains font du bricolage, d'autres de la peinture sur soie ou du macramé.

Si vous avez décidé de lacérer consciencieusement vos avant-bras, c'est tout simplement parce que vous aussi vous cherchez un loisir qui vous occupe et vous détend !

Persévérez, et procurez-vous les bons outils !

Aller chez le psy? Dieu ne m'a rien dit à ce sujet!

MES VOIX, MA BATAILLE !

Entendre des voix est un droit inaliénable garanti par la Constitution européenne : personne n'a le droit de vous en empêcher !

Et si Dieu vous parle, c'est parce que vous le valez bien !

En fait, la plupart des psys ont une spiritualité quasi inexistante. Ils n'ont jamais entendu Jésus leur parler et du coup ils sont jaloux.

Puissent-ils être sauvés dans l'au-delà !

ÇA VA TRÈS BIEN AVEC MON MARI !
C'EST LOUCHE !

UN DIVORCE, ÇA COÛTE CHER

Les psys sont des gens aigris et malfaisants. Ils détestent les gens heureux, et encore plus les couples unis. Ils n'auront de cesse de traîner votre conjoint(e) dans la fange.

Si votre mari vous casse quotidiennement une bouteille de vin sur la tête ou si votre femme vous trompe avec l'intégralité des joueurs du XV de France (plus l'entraîneur), prenez votre mal en patience.

Souvenez-vous bien qu'un divorce coûte diablement cher, et que les avocats sont encore plus retors que les psys, ce qui n'est pas peu dire !

Tu retires tout de suite ce que tu as dit sur Maman !

VOUS NE VOULEZ PAS VOUS FÂCHER AVEC VOS PARENTS

Les psys partent toujours du principe que vos parents, et en particulier votre maman, ont pourri votre enfance et ont bousillé votre vie en général.

En réalité, si votre mère vous a enfermé dans le placard à balais jusqu'à vos seize ans, c'est qu'elle voulait tendrement vous protéger du monde extérieur.

Ne lui faites pas de reproches. Appelez-la pour la remercier de ses bons soins, offrez-lui des fleurs et aidez-la à rénover son placard : souvenez-vous qu'à l'époque vous aviez abîmé son papier peint en grattant avec vos ongles…

Quel galopin vous étiez !

À TABLE!

VOTRE MÈRE CONTINUE DE VOUS ALLAITER

Et alors ? Votre maman vous allaite et ça vous fait du bien. Personne n'a rien à y redire, surtout pas un psy !

Vous aimez boire goulûment le bon lait frais qu'elle vous offre quotidiennement dans sa maison de retraite.

En plus, c'est bon pour la santé, c'est plein de vitamines, d'oméga-3 et d'immunoglobulines qui vous protègent contre les infections : la preuve, vous n'avez jamais d'angine.

Et puis ce petit contact quotidien avec le sein maternel ne vous rappelle-t-il pas de bons souvenirs d'enfance ?

DOCTEUR FREUD?
PLUS TARD! JE TRAVAILLE!

FREUD ÉTAIT TOXICO

Freud était un grand cocaïnomane.

C'est durant ses séances de sniffette qu'il a commencé à griller ses neurones et que la théorie psychanalytique a germé dans son esprit malade.

Or sachez que la cocaïne est beaucoup plus efficace que la psychanalyse pour améliorer votre moral.

N'hésitez pas, testez ! Ce soir, lisez *Inhibition, Symptôme et Angoisse*, puis sniffez huit ou neuf lignes de coke.

Alors, qu'est-ce que vous préférez, coquin !

Y'aurait pas un cadavre dans ce placard ?
Vous êtes bien curieux !

LES SECRETS DE FAMILLE ÇA SE CACHE ET PUIS C'EST TOUT !

Comme le disaient souvent Bousquet et Barbie : « À quoi bon déterrer les vieux cadavres ? » Ces hommes de conviction le répétaient souvent : « Il faut laver son linge sale en famille. »

Et ils avaient raison ! Pourquoi détruire l'harmonie de votre famille (ou de votre nation) en révélant des choses navrantes qui ne manqueront pas de faire de la peine à de nombreuses personnes, qui, même si elles ont commis quelques péchés de jeunesse – génocide, pédophilie, collaboration –, n'aspirent qu'à profiter d'une retraite méritée !

Foutez-leur donc la paix !

AU CHOIX !

LES PSYCHIATRES VEULENT NEUROLEPTISER L'HUMANITÉ

Les psys possèdent tout un assortiment de pilules et de cachets sédatifs qui servent à transformer les êtres humains en champignons.

Avec l'aide des gouvernements mondiaux, ils diffusent secrètement des psychotropes dans le ciel grâce aux avions[1].

N'oubliez pas : pour le psy, un bon patient est un patient qui dort !

1. Vous comprenez maintenant pourquoi les Boeing laissent une traînée blanche quand ils volent.

VOUS AVEZ COMBIEN DE LIKES ?

CONSULTEZ PLUTÔT INTERNET !

Soyez à l'heure de la révolution Internet ! Le monopole des soi-disant médecins, psychiatres, chirurgiens…, c'est fini ! Maintenant, grâce à Doctissimaux, vous pouvez diagnostiquer vous-même et, grâce aux « tutos » de Youtube, vous pouvez pratiquer sur vos proches vos premières interventions chirurgicales.

Quant aux questions liées aux problèmes psychiques, vous trouverez toutes les réponses sur les blogs…

Besoin de réconfort immédiat ? Tapez dans Google la requête « CASIMIR ». Un visage rassurant et thérapeutique apparaîtra immédiatement : ça y est, vos angoisses se sont envolées comme par magie !

Déjà tout petit il aimait foutre la merde !

LES PSYS DRAMATISENT LE MOINDRE PROBLÈME !

Soyez averti : au fil des consultations, votre vie deviendra un enfer inextricable. Les psys passent leur temps à souligner des points de détail de votre histoire.

Ils n'hésitent pas à dramatiser les petits jeux rigolos de votre enfance, comme quand vos cousins vous avaient attaché à un arbre auquel ils avaient mis le feu après vous avoir aspergé d'alcool à 90°.

Soyez « cool », tout ça c'était juste pour rire !

J'M'EN FOUS,
J'AIME QUE STALLONE.

WOODY ALLEN A FAIT UNE THÉRAPIE ET LE RÉSULTAT LAISSE À DÉSIRER…

C'est après vingt ans d'analyse que Woody Allen a réalisé *Tout ce que vous avez toujours voulu savoir sur le sexe sans jamais oser le demander.*

Ce film bestial et infâme, qui mettait en scène des relations sexuelles entre un vétérinaire et une brebis, a ouvert la porte à bien des perversités, notamment le mariage pour tous.

On organise un truc pour nos noces d'or ?

UNE THÉRAPIE DURE PLUS LONGTEMPS QU'UN MARIAGE

Les études montrent que la durée moyenne du mariage est de sept ans, tandis que la durée moyenne d'une thérapie est de quarante ans.

On ne peut pas divorcer de son psy : essayez donc, il ne vous laissera jamais partir !

Si vous lui affirmez que vous voulez arrêter, il vous répondra : « Ce n'est pas le moment, vos résistances s'activent. Continuez, vous avancez ! » Et à chaque nouvelle tentative, vous en reprendrez pour dix ans.

Si malgré tout votre entêtement vous conduit à consulter, choisissez-vous un psy vraiment très âgé !

TANT QU'À SE CONFESSER, AUTANT ALLER CHEZ LE CURÉ !

Le curé de votre paroisse est à votre disposition pour parler de tous vos péchés, petits et grands.

Contrairement à un psy, il est seul qualifié à vous donner l'absolution.

Et si vous avez de la chance, grâce à lui, dans la pénombre de son confessionnal, vous aurez déjà un petit avant-goût de paradis…

Et n'oubliez pas, c'est gratuit !

Un psy ? Qui ça ? Françoise Dolto ?

ON PEUT TOUT À FAIT TOMBER ENCEINTE EN ÉTANT VIERGE !

Madame, vous approchez des quatre-vingt-dix printemps et depuis quelque temps vous avez un retard de règles, un ventre ballonné, des nausées et de furieuses envies de manger des fraises (mixées).

Bravo Grand-Mamie, vous êtes enceinte !
Pourtant, le psy de votre maison de retraite évoque une grossesse nerveuse et vous rappelle méchamment, le rustre, que vous êtes vierge.

Ignorez-le et mettez-vous promptement à tricoter les brassières : dans quelques mois vous serez maman et vous pourrez célébrer le Grand Miracle de la Vie !

ALLER CHEZ LE PSY

Y'A PLUS GRAVE DANS LA VIE QUAND MÊME !

Toute votre famille vient-elle d'être décimée dans un incendie ? Avez-vous été récemment amputé des quatre membres ?

Si ce n'est pas le cas, réalisez que votre crise existentielles est anodine : dédramatisez !

N'oubliez pas que, tandis que vous vous complaisez dans la dépression, des lépreux meurent de faim dans des taudis sordides à Bombay.

Allez, secouez-vous, chochotte !

VOS PROBLÈMES N'INTÉRESSENT PAS DU TOUT LES PSYS

Les psys s'en fichent de vous.

La preuve ? Ils ne pleurent même pas quand vous leur racontez vos misères.

Il est moins remuant ces temps-ci !

VOTRE ENFANT EST HYPERACTIF ET C'EST TANT MIEUX !

Il saute comme un cabri dans sa classe, fait l'équilibriste sur les rebords de fenêtre, s'est fracturé à peu près tous les os du corps, perd quotidiennement ses clés et vous fait vivre un enfer ? Vos anciens amis vous évitent comme la peste et il est exclu de toutes les écoles de la région ?

Prenez les choses du bon côté : son allégresse perpétuelle met de la vie dans votre petit logement !

Auriez-vous préféré un enfant calme, obéissant, appliqué et bon élève ? Quel ennui ! Que diable, réjouissez-vous, ayez le sens de la fête !

SIGMUND !
AU PIED !

UN ANIMAL DE COMPAGNIE EST PLUS AFFECTUEUX QU'UN PSY

De nombreuses études scientifiques ont montré que l'animal a un effet bénéfique sur le moral et la tension artérielle.

Un petit toutou à la maison sera bien plus câlin que n'importe quel psy !

En outre, il ne vous contredira jamais, lui.

SPORT = BON MORAL !
ça dépend...

AVEC LE SPORT, ON S'EN SORT !

C'est bien connu, le sport guérit tous les maux : dépression, angoisses, impuissance, stérilité, calvitie, rage de dents, cancer, Sida, échec scolaire, problèmes financiers ou judiciaires...

Suez pour ne plus déprimer !

L'HYGIÈNE DENTAIRE EST LA BASE DE L'HYGIÈNE MENTALE

Tous vos problèmes viennent de vos dents. Les microbes situés derrière vos gencives grignotent votre cervelet.

Donc brossez-vous les dents douze fois par jour en insistant en profondeur sur les cordes vocales, puis faites un bain de bouche à l'ammoniaque qui empêchera (définitivement) le retour des mauvais germes.

Votre hygiène dentaire est tout aussi fondamentale pour vos proches, car, sachez-le, votre haleine influence grandement leur moral !

CHOUCHOUTEZ PLUTÔT VOTRE INTESTIN !

Votre cerveau est directement branché à votre intestin par tout un tas de nerfs et de tendons qui réagissent en fonction de votre stress.

Pour aller bien dans votre tête, suivez ces conseils : faites glouglouter votre flore intestinale avec deux litres de jus de choucroute (très riche en lactobacilles), et surtout évitez tout ce qui est à base de gluten et plus généralement tous les aliments solides qui contiennent des protéines, des lipides ou des glucides ainsi que la salade dont les petits bouts de feuille restent coincés entre les dents (cf. chapitre sur l'hygiène dentaire).

Éteignez la lumière, il va bien finir par partir !
DOCTEUR GOURION

VOUS ÊTES UN ENQUIQUINEUR

Je suis psy et j'ai énormément de compassion pour mes chers collègues, alors de grâce, je vous en supplie, ne consultez pas !

Achetez-vous un hamster et battez-le, empoisonnez vos proches à l'arsenic, devenez syndicaliste, ou pire, lisez des livres de psychologie, mais s'il vous plaît, abstenez-vous !

Si malgré tout vous souhaitez consulter, sachez que j'ai remis à mon éditeur une liste de quelques collègues particulièrement odieux et incompétents.

Par avance, un grand merci pour la profession !

Je croyais que ça allait mieux!
C'est bien ça le problème!

EN ALLANT VOIR UN PSY, VOUS POURRIEZ ALLER MIEUX

Et ça, vous n'y tenez pas ! Vous avez depuis toujours réussi à échapper aux psys en dépit de vos intenses souffrances psychiques. Pourquoi renoncer subitement après tous ces efforts ?

Sachez-le, aller mal vous donne un genre et vous permet d'inspirer la pitié, ce qui est très important pour vous.

Aller voir un psy pourrait vous conduire à vous responsabiliser et à enfin gérer vos propres problèmes.

Et ça, c'est terriblement fatigant.

Et au cas où vous auriez encore un tout petit peu de temps...

J'ai eu l'envie, avec ce petit livre, de bousculer les clichés et de dédiaboliser l'univers des psys, à la fois pour rassurer et aider ceux qui en ont peur mais en ont peut-être un peu besoin, et de faire – je l'espère – sourire ceux qui en ont déjà un. Et puis aussi de montrer que l'on peut être psy et ne pas se prendre trop au sérieux... Se moquer de soi est un exercice toujours très sain !

Quant à Muzo, ce n'est qu'après l'avoir longtemps menacé d'internement abusif qu'il accepta, à l'insu de son plein gré, d'illustrer ces *Cinquante puissantes raisons de ne pas aller chez le psy*. J'ajoute, pour notre défense commune, que c'est notre ami Christophe André qui nous a très imprudemment encouragés à nous lancer dans cette folle aventure (merci Christophe, et même si tu regrettes, c'est trop tard).

Quant à notre éditeur Laurent Laffont, faut-il le remercier, ou l'interner lui aussi ? En ayant accepté d'éditer ce livre, n'est-il pas encore plus fou que nous ? Mystère...

Vous l'avez donc compris, je suis psychiatre. *Nobody is perfect*... Au fond, je crois sincèrement que la psychiatrie est le métier le plus beau et le plus profond. Imaginez-vous recevant quelqu'un que vous ne connaissez pas, qui commence à vous parler de sa vie, et qui, très vite, vous livre une grande partie de son intimité. Qui, d'emblée, fait le pari insensé de s'en remettre à vous ! Qui vous confie des secrets jamais révélés à quiconque, même aux personnes qui lui sont les plus chères. Recevoir cette confiance est un privilège immense, presque sacré. Chaque nouvelle rencontre enseigne quelque chose, chaque personne ouvre une nouvelle fenêtre sur le monde. Certains sont d'une immense culture, d'autres sont des rêveurs ou des conteurs qui vous emportent dans leur univers émotionnel riche et féerique. D'autres, encore, sont d'une simplicité, d'un courage et d'une générosité qui forcent l'admiration.

Parfois, l'exercice est épuisant. À chaque nouvelle consultation, il faut refaire cette drôle de gymnastique intellectuelle qui consiste à plonger dans l'univers psychique de son interlocuteur, se représenter sa vie de façon extrêmement concrète, (presque) comme si on y était. À la place de cette personne, que ressentirais-je ? Et puis on fait la cabriole inverse, on remet la casquette du professionnel pour essayer d'apporter conseil et aide.

Donc, vous l'aurez compris, j'adore mon métier, j'y trouve une grande satisfaction et je ne saurais strictement rien faire d'autre (en dehors peut-être des crêpes au Nutella). Cependant, pour être tout à fait honnête, il arrive que certains patients soient de parfaits enquiquineurs. Vous savez, ces gens qui sont d'éternels insatisfaits, des cyniques qui pensent du mal de tout le monde – à l'exclusion d'eux-mêmes –, des aigris, des pisse-vinaigre, des impolis, des mal-embouchés, des hyper-exigeants ou des cœurs de pierre. Je guette le matin leur nom sur mon agenda avec anxiété !

Certains entretiens sont particulièrement frustrants et c'est à l'issue de l'un d'entre eux que l'idée un peu folle de faire ce livre a germé. Lors d'un entretien familial tardif, le père d'une adolescente m'avait mitraillé de clichés sur les psys, de ceux que j'ai entendus dix mille fois depuis que j'exerce ce métier : « Si ma fille se fout un bon coup de pied aux fesses, elle se relèvera », « c'est à cause des psys qu'elle va mal »,

« elle s'écoute trop », « vous voulez déstabiliser notre famille avec vos questions », etc. En fait, j'avais reçu sa fille avant lui : ses bras étaient couverts de scarifications car elle s'automutilait depuis des années et était profondément déprimée. À cause de la honte, elle n'avait jamais confié à ses parents qu'elle avait été agressée sexuellement par un cousin plus âgé durant son enfance. Elle ne supportait plus les remontrances perpétuelles de son père qui, ne comprenant pas qu'elle soit en échec scolaire, confondait son état d'abattement avec de la paresse pure et simple…

Ce n'était pas un bon jour, il était tard, j'étais fatigué et, face à ce père obtus, je n'ai pas réussi à maîtriser ma colère. Je me suis entendu lui répliquer : « Monsieur, ce que vous dites est insupportable, vous déniez la souffrance de votre fille. Et si vous ne me faites pas confiance, il y a d'autres psychiatres que moi. » L'homme s'est levé et est parti en claquant la porte, emmenant sa fille avec lui. Je ne les ai jamais revus. Longtemps après, j'ai reçu une lettre de lui m'annonçant que sa fille s'était pendue. J'ai été submergé par les regrets ; j'aurais dû faire comme d'habitude et prendre le temps nécessaire pour expliquer et convaincre, mais voilà, ce soir-là, je n'avais eu ni l'énergie, ni la patience nécessaires. À force de songer à cette histoire douloureuse, j'ai commencé à me faire la réflexion que le rire pourrait être une excellente arme pour combattre les clichés absurdes qui entourent la souffrance psychique et la psychiatrie.

Ce livre est né de là. Expliquer que les psychiatres ne sont pas tout-puissants, mais qu'ils peuvent aider à traverser une période difficile. Qu'ils sont utiles à condition que l'on participe activement à la démarche de soins. Qu'ils méritent le respect, comme les autres médecins, et qu'ils exercent une profession difficile. Que la confiance se construit peu à peu…

Et à présent, voici dix puissantes raisons d'aller voir un psy...

#1. VOUS SOUFFREZ D'INSOMNIES CHRONIQUES

W.C. Fields écrivait non sans raison qu'un bon traitement contre l'insomnie est de beaucoup dormir. Si ce conseil de bon sens ne vous suffit pas, et qu'après avoir épuisé durant des mois tout le répertoire des tisanes sédatives, élixirs analgésiques et électuaires lénitifs vous ruminez la majeure partie de vos nuits sur l'absurdité de l'existence, vous devriez consulter. En attendant le sommeil qui ne vient pas, je vous laisse méditer cette citation des Marx Brothers : « Tout le monde sait qu'en cas d'insomnie il suffit d'additionner mouton après mouton pour s'endormir. Mais combien de personnes savent que, pour rester éveillé, il suffit de soustraire les moutons ? »

#2.
VOUS ÊTES TOUT LE TEMPS MALHEUREUX ET AVEZ LE SENTIMENT D'ÊTRE NUL

Si vous avez le sentiment que vous ne valez rien, que vous êtes sans intérêt, que vous ne servez à rien et n'avez jamais rien fait de bien, c'est sans doute que vous êtes déprimé(e). Les bons conseils que l'on vous donne du style « secoue-toi », « tu as tout pour être heureux » ou « arrête de t'écouter » sont inutiles et culpabilisants. Contrairement à ce que vous disent ceux qui n'y connaissent rien mais qui croient tout savoir, la dépression est une vraie maladie du cerveau, pas simplement un état d'âme passager ou un manque de volonté. Vous devriez consulter plutôt que d'attendre : les choses ne vont pas s'améliorer toutes seules et une aide efficace peut vraiment vous aider à retrouver une bonne estime de vous. Il est même très vraisemblable qu'au cours de la thérapie vous finissiez par vous rendre compte que vous êtes quelqu'un de très chouette (mais si, mais si, vous allez vous en rendre compte : les psys sont très forts pour ça !).

#3.
VOUS N'AVEZ PLUS ENVIE DE RIEN (ALORS QUE VOUS AVEZ TOUT)

Soit vous avez réussi à atteindre l'Éveil du Bouddha et obtenu, grâce aux quatre Nobles Vérités, le pouvoir de ne plus avoir de désirs, soit, et c'est plus probable, vous êtes déprimé(e) et devriez consulter. La perte des envies et du plaisir s'appelle de son doux petit nom « l'anhédonie », c'est-à-dire l'incapacité de ressentir du plaisir, laquelle entraîne une perte de motivation et une apathie. Cette capacité de ressentir du plaisir dépend d'une région spécifique du cerveau à l'intérieur du système limbique, et d'une petite mais fondamentale molécule, la dopamine, sans laquelle on ne ressent rien.

#4.
VOUS AVEZ L'IMPRESSION D'ÊTRE TOUT LE TEMPS FATIGUÉ

Si vous avez la sensation d'être épuisé en permanence, de vous traîner comme une vieille chaussette, de n'avoir aucune énergie, et que cet état d'épuisement psychique qui dure vous donne le sentiment d'être une larve c'est qu'il s'agit peut-être d'une dépression (encore faut-il avoir éliminé les autres causes médicales de fatigue comme l'anémie, l'hypothyroïdie, etc.). À moins qu'il ne s'agisse comme dans le roman de Kafka d'un début de métamorphose en Dictyoptera, auquel cas le Baygon Vert devrait suffire pour vous remettre d'aplomb. Si ce n'est pas le cas, consultez !

#5.

VOUS AVEZ LE SENTIMENT D'ÊTRE ABANDONNÉ(E) ET QUE PERSONNE NE TIENT À VOUS

Si vous avez l'impression d'être seul au monde, sans valeur pour qui que ce soit, sans attache affective et que vous pourriez disparaître sans que cela pose de problème à qui que ce soit, vous êtes très probablement déprimé. À l'exception de la situation dans laquelle vous seriez actuellement perdu sur une île déserte au milieu de l'océan Pacifique, il y aura toujours quelqu'un pour se préoccuper de vous. Dans tous les cas, n'oubliez pas que vous demeurez très important pour l'inspecteur des impôts de votre circonscription qui compte beaucoup sur vous et ne vous laissera jamais tomber.

#6.
VOUS AVEZ L'IMPRESSION DE VOUS NOYER DANS UN VERRE D'EAU

Les moindres petites choses se transforment en montagnes insurmontables. Vous n'arrivez pas à venir à bout des tâches les plus insignifiantes. La moindre décision à prendre vous coûte. Votre niveau de stress monte, vous ne savez plus où vous en êtes, votre vie vous échappe…

Peut-être est-ce tout simplement un coup de fatigue passager ou, si vous travaillez beaucoup, un début de burn-out. Toutefois, si ni le repos ni la prise de quelques jours de vacances ne changent quoi que ce soit à cet état, que vous avez de grandes difficultés à vous concentrer, à mémoriser, à planifier et à décider, que cela vous handicape au quotidien, c'est peut-être parce que vous êtes déprimé. En effet, la dépression diminue les performances cognitives (attention, mémoire, organisation…) et cette baisse des facultés intellectuelles s'accompagne d'une diminution du métabolisme cérébral dans une région stratégique de la matière grise appelée cortex préfrontal.

#7.
VOUS ÊTES OBSÉDÉ PAR LA PEUR D'AVOIR UNE MALADIE, D'ÊTRE CONTAMINÉ PAR DES MICROBES ET PASSEZ ÉNORMÉMENT DE TEMPS À RANGER, À COMPTER ET À VÉRIFIER

Chaque petit bobo vous alerte et vous vous demandez si ce n'est pas un cancer débutant. Les microbes sont partout et, dès que vous touchez un endroit sale, vous vous sentez contaminé. Vous vous lavez les mains cent fois par jour, et cela ne vous rassure jamais complètement. L'angoisse monte, et vous vous remettez à vous laver, et tout cela n'a pas de fin.

Lorsque quelqu'un déplace de quelques centimètres le moindre de vos objets sur votre bureau ou chez vous, cela vous angoisse : vous le remettez aussitôt à sa place. Lorsque vous mettez la table, les couverts doivent être parfaitement alignés, et chacun de vos vêtements est parfaitement plié et rangé au même endroit. Parfois, dans la rue, vous évitez de marcher en travers des bandes, ou bien vous comptez vos pas ou les marches d'escalier. Dans ce cas, vous souffrez probablement d'un trouble obsessionnel compulsif. La bonne nouvelle, c'est que cela se soigne bien aujourd'hui. Faites la recherche d'un bon psy spécialisé dans les TOC et n'hésitez pas à le consulter compulsivement...

#8.
VOUS ÊTES EXCESSIVEMENT TIMIDE

Vous détestez être au centre de l'attention et chaque fois qu'il y a une présentation ou un discours à faire en public, vous faites tout votre possible pour y échapper. Parfois, lorsque tout le monde vous regarde, le trac est si fort que votre cœur s'emballe, vous rougissez et votre voix se met à trembler. Soirées, dîners, réunions, fêtes de famille, rencontres amoureuses, vous préférez éviter tout cela : les situations sociales vous mettent mal à l'aise car vous redoutez le jugement des autres. Vous souffrez peut-être de phobie sociale. N'ayez pas peur de voir un psy, il n'aura pas de jugement négatif sur vous, et s'il ne parle pas beaucoup et évite votre regard, dites-vous qu'il est peut-être lui-même un peu timide...

#9.
VOUS AVEZ RÉGULIÈREMENT L'IMPRESSION QUE VOUS ÊTES EN TRAIN DE MOURIR D'UNE CRISE CARDIAQUE ALORS QUE VOTRE MÉDECIN VOUS ASSURE QUE VOUS N'AVEZ RIEN

De temps en temps, sans crier gare, votre cœur se met à battre à tout rompre, vous vous sentez oppressé, vous avez l'impression d'étouffer et de perdre le contrôle de vous-même. Tout vous paraît bizarre autour de vous, vous avez des vertiges, des sueurs et l'impression de perdre le contrôle ou de devenir fou. Pourtant, en dépit de plusieurs passages aux urgences et de l'examen cardiaque qui montre que tout est normal, vous continuez de faire ces épouvantables crises que personne ne comprend. On vous déclare que c'est le stress, mais vous sentez bien qu'il s'agit de quelque chose de différent que vous ne savez pas gérer.

Vous souffrez probablement d'un trouble bien connu sous le nom « d'attaques de panique », qui correspond au déclenchement irrationnel du système d'alarme cérébral. Lorsque notre cerveau croit que nous sommes en danger imminent, il déclenche la libération massive d'hormones du stress (adrénaline, etc.), ce qui accélère violemment la fréquence cardiaque et peut nous sauver la vie (pour courir ou nous battre, il faut que les muscles soient bien irrigués). Notre cerveau a parfois raison de sonner l'alerte (un camion nous fonce dessus, des gens nous agressent...), mais parfois il a tort et il déclenche l'alarme pour rien (un peu comme celles des voitures qui se déclenchent la nuit). Notre cerveau n'est pas purement rationnel, il est aussi émotionnel et c'est ce qui nous rend humains par opposition aux ordinateurs. Certaines situations (lieux clos, endroits où il y a beaucoup de monde, transports en commun, hauteurs, animaux domestiques...), certaines pensées (anticipations anxieuses des problèmes à venir, ruminations négatives), certaines sensations physiques (palpitations, boule dans la poitrine...) ou même certaines émotions (tristesse, colère, anxiété) sont susceptibles d'activer à tort ce système d'alarme cérébral qui se trouve dans le système limbique du danger (cette partie du cerveau est hors de contrôle de la conscience).

Même si ces attaques de panique ne sont pas dangereuses en soi (on ne peut pas mourir puisqu'il s'agit d'un système physiologique normal), elles sont excessivement pénibles et handicapantes. La peur qu'elles recommencent peut vite devenir envahissante. Mais, rassurez-vous, les attaques de panique ne signifient pas que vous êtes fou, elles ne durent pas très longtemps et se soignent efficacement avec les TCC (thérapies comportementales et cognitives) : consultez vite avant la prochaine crise !

#10.

VOUS N'AVEZ PAS AIMÉ CE LIVRE

Vous allez très mal. Courez immédiatement aux urgences psychiatriques de l'hôpital le plus proche.

Vous avez finalement décidé de consulter, il faut donc maintenant choisir un psy : comment bien se tromper (ou pas)

Il y a psy et psy, et il est difficile de se retrouver dans la jungle des différents types de thérapeutes et d'approches. Pourtant, cela fait une différence énorme, et sachez qu'il y a de nombreux sagouins et autres escrocs qui gravitent autour de la profession et qui sont inutiles, voire dangereux. N'hésitez donc pas à vous renseigner sur les titres et la formation de votre psy. En cas de doute, renseignez-vous auprès de votre médecin généraliste qui a certainement de bonnes adresses à vous conseiller. Dans tous les cas, évitez d'aller voir quelqu'un car vous l'avez trouvé sur Internet sans connaître la formation, la pratique et la réputation de cette personne.

LES DIFFÉRENTS TYPES DE PSYS

Les psychiatres

Le psychiatre est un médecin spécialiste. Il est le seul à être habilité à diagnostiquer un trouble psychique (dépression, troubles anxieux, addictions, TOC, troubles du comportement alimentaire, etc.). Il peut soigner en utilisant une psychothérapie et, quand cela se révèle nécessaire, prescrire un traitement.

À l'issue du concours de première année de médecine, le psychiatre fait le tronc commun aux études de médecine (six ans). Ensuite, à l'issue du concours de l'internat, il se spécialise durant quatre ou cinq ans au cours de stages hospitaliers et de séminaires universitaires. Il a parfois complété sa formation en étant assistant ou chef de clinique (deux à quatre ans supplémentaires).

En hôpital ou en dispensaire, les consultations sont gratuites. En exercice libéral, le psychiatre est soit en secteur I et il applique le tarif fixe de la Sécurité sociale, soit, à condition d'avoir été ancien chef de clinique, en secteur II avec honoraires libres consultables sur le site AMELI. Le niveau de remboursement de la consultation, en dehors de la partie minime prise en charge par la Sécurité sociale, dépendra ensuite des mutuelles.

Les psychologues

Ils ont fait des études universitaires longues qui leur permettent de bien connaître le développement et le fonctionnement du psychisme. Les études de psychologie se déroulent généralement à l'université, mais il existe également des instituts privés, rattachés aux universités catholiques de Paris et d'Angers (Psycho Prat), qui délivrent des masters. Pour obtenir le titre de psychologue, un master (bac+5 et stage) est incontournable. La licence de psychologie comporte également des cours de sciences (statistiques, biologie, etc.). Le psychologue bénéficie donc d'un véritable socle scientifique. Il n'y a pas de numerus clausus à l'entrée des études, mais certaines spécialités très demandées ne retiennent que les meilleurs dossiers. Pour obtenir le titre de « psychologue clinicien », il faut être titulaire d'un Master 2 ou d'un DESS de psychopathologie.

Le système de sécurité sociale français ne rembourse malheureusement pas les séances avec les psychologues libéraux, contrairement à ce qui se pratique dans d'autres pays.

Les psychothérapeutes

De facto, le psychiatre et le psychologue clinicien sont des psychothérapeutes, mais à l'inverse, et la nuance est importante, tous les psychothérapeutes ne sont pas psychiatres ou psychologues. Il n'était pas nécessaire, il y a encore seulement quelques années, d'avoir fait d'études universitaires pour se prévaloir du titre de psychothérapeute, ce qui a donné libre cours à de nombreuses dérives.

En termes de formation, les choses ont bien changé depuis l'arrêté du 8 juin 2010 qui subordonne l'inscription au registre des psychothérapeutes à la validation d'une formation en psychopathologie clinique réservée aux titulaires d'un diplôme de docteur en médecine ou d'un diplôme de niveau master en psychologie.

LES DIFFÉRENTS TYPES DE PSYCHOTHÉRAPIES

Il existe de nombreuses formes de psychothérapies et il serait impossible de les lister ici (certaines sont extrêmement exotiques et leurs noms laissent rêveur...). Les deux principaux types de psychothérapies sont la psychanalyse et les thérapies comportementales. Comment choisir sans se tromper (ce qui est réellement préférable au fait de se tromper sans choisir) ?

Les TCC (thérapies comportementales et cognitives)

Les TCC découlent de multiples approches fondées sur les théories de l'apprentissage et ayant pour but la disparition ou la réduction des symptômes de certains troubles psychiques, essentiellement la dépression et les troubles anxieux. Ce sont des thérapies brèves centrées sur l'ici et maintenant. Des objectifs clairs et précis sont fixés et un planning est déterminé (nombre de séances, objectifs à atteindre, exercices à faire soi-même, etc.), le patient étant considéré comme un partenaire actif du soin.

Il n'y a pas un père fondateur des TCC mais la convergence de travaux de nombreux scientifiques différents. Après les balbutiements des premières recherches sur l'animal (Pavlov), les premières applications cliniques voient leurs débuts avec la psychologue américaine Mary Cover Jones qui est la première en 1924 à proposer des « thérapies d'exposition » en aidant des enfants à surmonter leur phobie en les confrontant à l'objet de leur peur tout en les récompensant pour leurs efforts et en leur faisant rencontrer d'autres enfants qui ne partagent pas leur phobie. Dans les années 1950, différents chercheurs américains (Wolpe, Thorndike et Skinner entre autres) mènent des travaux sur la désensibilisation et le conditionnement opérant susceptibles d'influencer positivement le comportement et de réduire les symptômes anxieux. Dans les années 1960, Ellis et Beck apportent la « révolution cognitiviste », en prenant en compte émotions, croyances et mode de pensée pour atténuer et traiter des troubles comme la dépression et les troubles anxieux (phobie sociale, TOC, etc.). Au même moment, Bandura expose sa théorie de l'apprentissage social et des processus motivationnels, et il montre que nos comportements sont renforcés par les conséquences que nous leur imaginons dans l'avenir et il développe sa théorie du « sentiment d'efficacité personnel ».

Plus récemment, la « troisième vague » de TCC aborde directement la régulation émotionnelle en utilisant des méthodes comme la méditation de pleine conscience (*mindfulness*), qui a fait l'objet de nombreux travaux de recherche tout à fait passionnants sur le cerveau, dont les pères fondateurs sont Kabat-Zinn, Segal et Teasdale et qui a été largement diffusée en France grâce aux livres de Christophe André.

L'agrégation de ces nombreuses approches s'est ensuite faite au fur et à mesure de la pratique.

La psychanalyse

Le père fondateur de la psychanalyse est Freud. Freud pensait que nous sommes animés de pulsions inconscientes qui, si elles sont incontrôlées, sont incompatibles avec la vie en société. Il a nommé cette force inconsciente difficilement domptable le *Ça*. Il a décrit une autre deuxième force inconsciente, le *Surmoi*, qui est une sorte de gendarme intérieur qui intègre les règles et édicte les lois morales qui répriment nos fantasmes. Enfin, la troisième instance psychique est le *Moi*, qui doit gérer la réalité en intégrant harmonieusement l'équilibre entre le *Ça* et le *Surmoi*. Pour Freud, c'est quand le *Moi* ne parvient pas à harmoniser le fonctionnement de ces instances entre elles que les symptômes (névrose ou psychoses) apparaissent. Selon lui, les symptômes de névrose se regroupent en fonction des fixations faites autour des trois grandes phases de développement de l'enfant :

1. Le stade oral du tout-petit qui ne connaît le monde que par sa bouche.

2. Le stade sadique-anal qui correspond au plaisir tout-puissant lié au fait d'arriver à contrôler son sphincter lors de l'acquisition de la propreté et d'offrir ses selles à sa mère, ou au contraire de les retenir.

3. Le stade génital lors de l'approche de la puberté.

Enfin la psychanalyse ne serait pas ce qu'elle est sans la description du Syndrome d'Œdipe qui correspond aux fantasmes inconscients de castration par un tiers séparateur (symboliquement le père) qui voudrait l'empêcher de posséder sa mère. Les autres grands noms de la psychanalyse sont Jung, Lacan, Klein, Winnicott... Élève puis ennemi de Freud, Carl Jung a théorisé la notion d'inconscient collectif et s'est notamment beaucoup attaché à analyser la structure symbolique des rêves. Lacan, quant à lui, a théorisé le fait que l'inconscient est structuré comme un langage et il s'est beaucoup intéressé au sens symbolique des mots et des noms (ex. : persévère => père sévère).

Typiquement, la cure analytique se déroule sur la forme de deux ou trois entretiens hebdomadaires sur une durée de plusieurs années. Le patient est couché, le thérapeute assis derrière lui et demeure plus ou moins silencieux en fonction des cas. Le patient s'exprime sur le mode de la libre association : il doit s'exprimer sans s'autocensurer et tente, avec l'aide de l'analyste, de faire des liens entre ses difficultés présentes et son passé et il travaille également sur la signification inconsciente de ses rêves. L'objectif principal n'est pas la disparition des symptômes mais la mise au jour des mécanismes de défense psychiques qui les sous-tendent ainsi que leur mise en perspective avec l'histoire infantile du sujet. Il existe des thérapies psychanalytiques plus brèves en face à face, qui peuvent ensuite éventuellement déboucher sur une cure analytique type.

Bon ou mauvais psy ? Faites vous-même le diagnostic !

Au-delà de la qualité de sa formation initiale, du type de thérapie qu'il utilise et de ses qualités humaines, le bon psy est conscient des limites de ce qu'il peut faire. Il sait que l'approche psychothérapique seule n'a pas démontré sa capacité de guérir la schizophrénie, les troubles bipolaires, la dépression grave ou l'autisme. Il sait qu'un traitement médicamenteux est parfois nécessaire et il ne s'y oppose pas de principe.

De plus, le bon psychothérapeute est accueillant, empathique, chaleureux, bienveillant, ouvert, actif, il ne juge pas et ne fait pas la morale. Il ne s'endort pas non plus durant la consultation (eh oui, cela arrive à certains !), ce n'est pas un escroc (par exemple, il n'exige pas d'être payé en espèces ni en nature, ne tripote pas ses patientes sous prétexte de thérapie corporelle et ne propose pas de session de tantra en fin de séance…).

Le mauvais psychothérapeute est tout-puissant. Il juge, fait la morale, culpabilise, manipule... Il pense que l'outil psychothérapeutique qu'il utilise peut traiter tous les troubles du psychisme, et mieux encore, sans médicaments. C'est un fanatique religieux dogmatique qui considère qu'en dehors des textes écrits il y a près d'un siècle la connaissance du psychisme n'a pas évolué. Il méprise les autres approches psychothérapeutiques et n'hésite pas à dénigrer ses collègues d'autres obédiences, si possible devant ses patients, au plus grand désarroi de ces derniers.

Un seul conseil : fuyez !

Conclusion

Si vous n'avez toujours pas pris de rendez-vous avec un psy alors que vous avez clairement une raison d'en voir un, réfléchissez !

Un premier avis ne vous engage à rien. Peut-être que le psy vous dira simplement que vous n'avez justement pas besoin d'un psy.

Mais si vous avez un doute ou que votre entourage s'inquiète, soyez courageux et regardez les choses en face. Il n'y a jamais de honte à se faire aider, au contraire, il faut avoir la force de faire face aux difficultés en cherchant les meilleures solutions possibles. Prenez votre courage à deux mains et consultez !

Autre méthode, relisez ce livre depuis la première page, et recommencez encore et encore jusqu'à ce que vous vous retrouviez comme par magie propulsé dans la salle d'attente d'un psy !

Table

Si vous êtes un homme 17

Si vous êtes une femme 18

Si vous êtes un animal 19

Cinquante puissantes raisons
de ne pas aller chez le psy .... 21 – 119

Et au cas où vous auriez encore
un tout petit peu de temps 121

Et à présent, voici dix puissantes raisons
d'aller chez le psy 127

Vous avez finalement décidé de consulter,
il faut donc maintenant choisir un psy :
comment bien se tromper (ou pas) 137

Bon ou mauvais psy ?
Faites vous-même le diagnostic ! 147

Conclusion 149

Achevé d'imprimer en octobre 2016
CPI - BUSSIERE - SAINT-AMAND-MONTROND (Cher)
pour le compte des éditions JC LATTES 17, rue Jacob 75006 Paris

n°édition : 01 - n° impression : 2025852
Dépôt légal : octobre 2016
Imprimé en France